SV

Thomas Bernhard

Claus Peymann kauft sich eine Hose und geht mit mir essen

Drei Dramolette

Suhrkamp

Zweite Auflage 1990

Drucknachweise am Schluß des Bandes
Druck: Nomos Verlagsgesellschaft, Baden-Baden
Bindung: Münchner Industriebuchbinderei
Urban Meister GmbH
ISBN 3-518-40225-0

Inhalt

Claus Peymann verläßt Bochum und geht als Burgtheaterdirektor nach Wien 7

Claus Peymann kauft sich eine Hose und geht mit mir essen 27

Claus Peymann und Hermann Beil auf der Sulzwiese 53

Claus Peymann verläßt Bochum und geht als Burgtheaterdirektor nach Wien

Erste Szene

Bochum, Direktionszimmer im Schauspielhaus
Mitternacht

PEYMANN *zu Christiane Schneider, seiner Sekretärin, die seine Koffer packt*
Bochum soll mich
am Arsch lecken
Wenn wir hier weg sind
können wir aufatmen
setzt sich an den Schreibtisch und unterschreibt Akten
Andererseits
Am liebsten würde ich das Schauspielhaus Bochum
nach Wien mitnehmen
aber offensichtlich hat es in diesen Koffern nicht Platz
Und natürlich auch den Applaus
den wir in Bochum immer gehabt haben
aber ein Applauskoffer ist von den Kofferkonstrukteuren
noch nicht konstruiert worden
Wir dürfen nicht zuviel nach Wien mitnehmen
werfen Sie ruhig noch ein paar Dramaturgen
und ein paar Schauspieler raus

SCHNEIDER *wirft ein paar Schauspieler und ein paar Dramaturgen aus den Koffern*

PEYMANN

Am besten wäre ein Dramaturg
und ein Schauspieler
oder überhaupt kein Dramaturg
und kein Schauspieler
Das ist ja das Unglück
daß wir immer wenigstens einen Schauspieler
wenigstens einen Dramaturgen brauchen

SCHNEIDER

Die Dramaturgen stecke ich in den Sockenkoffer

PEYMANN

Ja natürlich die Dramaturgen in den Sockenkoffer

SCHNEIDER

Und die Schauspieler in den Hosenkoffer

PEYMANN

Wie Sie wollen Fräulein Schneider
Sie werden schon alles richtig machen

SCHNEIDER

Ich schichte die Dramaturgen zuerst in den Koffer
Ihre Hemden lege ich sorgfältig darauf
Ihre weiße Weste Herr Peymann ganz oben

PEYMANN

Meinetwegen Fräulein Schneider
Wenn wir die Ruhr
gegen die Donau tauschen
tauschen wir ja nur eine Kloake
gegen eine andere

SCHNEIDER

Die Donau stinkt ja noch abscheulicher
habe ich gehört
als die Ruhr

PEYMANN

Da haben Sie recht
der Gestank der Donau
ist der abscheulichste
Und erst die Leute da

SCHNEIDER

Der Charme der Wiener
ist berühmt

PEYMANN

Inzwischen habe ich den Charme der Wiener
kennengelernt
Ach packen Sie doch auch noch ein paar
von den norddeutschen Kritikern ein
werfen Sie ruhig noch ein paar Schauspieler raus
und packen Sie ein paar Kritiker von hier ein

SCHNEIDER *fragend*

Und wohin mit den Stücken

PEYMANN

Was für Stücke

SCHNEIDER

Na ja alle Theaterstücke
die wir hier in Bochum noch spielen wollten

PEYMANN
Die werfen Sie in die Mülltonne
In die Papiermülltonne
SCHNEIDER *fragend*
Alle
PEYMANN
Natürlich alle
SCHNEIDER *fragend*
Den neuen Bernhard auch
PEYMANN
Natürlich den neuen Bernhard auch
Fräulein Schneider
Sie gehen mir auf die Nerven
Sie sollen einpacken
und nicht andauernd Fragen stellen
SCHNEIDER
Also werfe ich den neuen Achternbusch auch raus
PEYMANN
Alle Stücke raus
habe ich gesagt
alle
Wir fangen ja in Wien ganz neu an
SCHNEIDER *fragend*
Mit was
PEYMANN
Bitte lassen Sie mich in Ruhe
Fräulein Schneider

SCHNEIDER *fragend*
Mit Bernhard
PEYMANN
Garantiert nicht
SCHNEIDER *fragend*
Mit Shakespeare
PEYMANN
Garantiert nicht
SCHNEIDER
Womöglich mit Wilhelm Tell
PEYMANN
Sie gehen mir auf die Nerven Fräulein Schneider
SCHNEIDER *nimmt alle Theaterstücke, die sie schon eingepackt hat, aus den Koffern heraus und wirft sie zu Boden*
PEYMANN *steht auf und betrachtet den Haufen aus den Koffern Herausgeworfenes*
Ein erschreckendes Durcheinander
Dramaturgen Stücke Socken
Schauspieler Hemden Ideen
das ist ja entsetzlich
Wie soll da Ordnung in die Koffer kommen
SCHNEIDER *ganz verdutzt*
Ich habe Sie ja gewarnt
ich hätte nicht ein Drittel davon eingepackt
PEYMANN
Also gut
ich überlasse es Ihnen
was wir nach Wien mitnehmen

Ich überlasse alles Ihnen Fräulein Schneider
Aber vergessen Sie nicht
daß ich unbedingt die Hermannsschlacht
und Nathan der Weise und Wintermärchen
und alle andern Stücke die ich jemals in Bochum und in
Stuttgart inszeniert habe
mitnehmen will
unbedingt Fräulein Schneider
lieber verzichte ich auf meine Frackhose
Was die Schauspieler betrifft
nehmen wir nur die guten mit
lassen die schlechten da
die teueren lassen wir da
die bescheidenen nehmen wir mit
die größenwahnsinnigen lassen wir da
die einfältigen nehmen wir mit
Was die Dramaturgen betrifft
könnten wir alle dalassen bis auf einen
aber einen einzigen brauchen wir
er ist unser Existenznerv verstehen Sie Fräulein Schneider
packen Sie ihn gut sehr gut ein
und ersticken Sie ihn nicht in der Wäsche
greift sich an den Kopf und ruft aus
Was Stuttgart und Bochum aus mir gemacht haben
im Grunde ist alles entsetzlich

wenn es nicht so abgrundtief lächerlich wäre
gleichzeitig
ein Schauspieldirektor ist immer ein Arschloch
dem nicht zu helfen ist
Christiane Schneider ich flehe Sie an
packen Sie nur das Notdürftigste ein
nur das Allernotdürftigste

SCHNEIDER

Dann werde ich gar nichts einpacken
dann gehen Sie ganz einfach so wie Sie sind nach
Wien
gehen Sie ganz einfach völlig nackt nach Wien

PEYMANN

Sie machen einen Narren aus mir Fräulein Schneider
setzt sich erschöpft an den Schreibtisch

SCHNEIDER

Alle Reisenden nehmen immer zuviel mit
im Grunde brauchen Sie überhaupt keinen
Dramaturgen
und keinen Schauspieler
Sie brauchen überhaupt niemanden
nicht einmal mich
gehen Sie ruhig als ein vollkommen nackter Mann
nach Wien
das ist das beste

PEYMANN

Sie haben recht Fräulein Schneider
wie recht Sie haben

ich wäre der glücklichste Mensch
wenn ich völlig nackt nach Wien gehen könnte
Aber die Realität ist kein Scherz
also packen Sie alles ein
was ich Ihnen gesagt habe
Vor allem ein paar von den deutschen Kritikern
die mir immer gut gesinnt sind
und den ungeheuerlichen Applaus
den ich in Bochum immer gehabt habe
und vor allem ein erstklassiges Solinger Messer
zum Abstechen dieser österreichischen Schweine
die ich inzwischen kennengelernt habe
Schleifen Sie dieses Messer immer wieder Tag und Nacht
unausgesetzt für mich Fräulein Schneider
schleifen Sie es

Vorhang

Zweite Szene

Wien, Direktionszimmer des Burgtheaters
Elf Uhr vormittag

PEYMANN *zu Christiane Schneider, die seine Koffer auspackt*
Am liebsten würde ich gar nicht auspacken
und gleich wieder nach Bochum zurückgehen
SCHNEIDER
Das wäre auch dumm
PEYMANN
Natürlich wäre das dumm
Burgtheaterdirektor
was für ein Blödsinn
was ich mir da aufgehalst habe
Theaterdirektor in einer Stadt
die eine einzige Intrigen- und Verleumdungs-
maschine ist
Überall höre ich die Sägen
die an dem Ast sägen
auf den ich mich gesetzt habe
blödsinniger Vogel ich
Aber ich habe den Vertrag unterschrieben
und gehe an die Arbeit
packen Sie aus
heraus mit allem
das in den Koffern ist

SCHNEIDER
Ein paar Schauspieler sind inzwischen erstickt
zwei Dramaturgen sind inzwischen verschimmelt
PEYMANN
Das kann man nicht ändern
das Theater ist eben ein tödlicher Prozeß Fräulein Schneider
SCHNEIDER *hebt einen Dramaturgen in die Höhe*
Der scheint einen halb angefrorenen Kopf zu haben
PEYMANN
Habe ich mir gedacht
wir brauchen ihn trotzdem
tauen Sie ihn langsam auf draußen später
SCHNEIDER *legt den Dramaturgen auf den Boden*
Die Schauspieler sind alle ausgetrocknet
PEYMANN
Das macht nichts
ich werde sie schon wieder auf die Beine bringen
SCHNEIDER
Draußen warten ein paar Burgschauspieler
PEYMANN
Ach ja
die werden wir jetzt wohl beschäftigen müssen
ich weiß noch nicht wie
Wahrscheinlich stopfe ich sie alle in einen großen Shakespeare
die sind ja alle wie Dörrpflaumen
die ins Wasser geworfen gehören

der Schneider ins Ohr flüsternd
Aus allen diesen vertrockneten Mumien
werden wir wieder Schauspieler machen
zuerst Menschen
dann Schauspieler
das verspreche ich Ihnen Fräulein Schneider
Schicken Sie sie ins Landtmanncafé
auf einen Einspänner
SCHNEIDER *steht auf, geht zur Tür, öffnet sie und sagt zu den draußen stehenden Schauspielern*
Bitte gehen Sie alle ins Café Landtmann
auf einen Einspänner
PEYMANN *nachdem die Schneider wieder Koffer ausgepackt und gesagt hat: Sie sind ganz ruhig weggegangen ins Landtmann*
Wir werden sie schon aus ihrer Burgtheaterlethargie
herausbringen
Ich weiß ja
auf was ich mich eingelassen habe
indem ich den Vertrag als Burgtheaterdirektor
unterschrieben habe
Ich weiß wie man einer Schafherde
Leben einhaucht
das habe ich an den großen deutschen Theatern
gelernt
Zuerst müssen wir aus allen diesen Schafen
Menschen machen
damit wir aus ihnen Schauspieler machen können

Bis jetzt sind alle diese Burgtheaterschafe
für ihr stumpfsinniges Blöken bezahlt worden
das geht jetzt nicht mehr
den ganzen Tag das ganze Jahr herumgelegen
auf der Wiener Burgtheaterweide sind sie
das ist jetzt vorbei
Nach dem Einspänner im Landtmann
bekommen sie alle einen kleinen elektrischen Schlag
auf ihr Hinterteil
daß sie erst einmal lebendig werden Fräulein
Schneider
sozusagen einen elektrischen Kunststich in den
Hintern bekommen sie
bevor sie bei mir auf die erste Probe gehen

SCHNEIDER *schreit plötzlich laut auf und hält eine Leiche in die Höhe*

Der Dramaturg ist ja tot

PEYMANN *ganz ruhig und gefaßt*

Umso besser Fräulein Schneider
legen Sie ihn zu den andern
Ist Ihnen auch so unbehaglich wie mir
dieses Burgtheater ist ja grauenhaft
Allen Leuten die jemals hier hereingegangen sind
ist an der Garderobe der Kopf abgenommen
worden

setzt sich an den Schreibtisch und schreibt einen Brief, während das Fräulein Schneider weiter auspackt

Wir haben den Vertrag unterschrieben

jetzt müssen wir die Konsequenz ziehen
ziehen Fräulein Schneider ziehen

SCHNEIDER
Die Schauspieler sind durch die Übersiedlung
arg in Mitleidenschaft gezogen

PEYMANN
Das war vorauszusehen
das ist ja völlig naturgemäß Fräulein Schneider

SCHNEIDER
Die Dramaturgen sind um mehr als zehn Jahre gealtert
und die Schauspieler auch
sehen Sie
sie hält einen Schauspieler und einen Dramaturgen in die Höhe

PEYMANN
Tatsächlich als ob sie alle vergreist wären
Das ist der Lauf der Zeit
nichts altert so schnell wie Dramaturgen und Schauspieler

SCHNEIDER
Die Übersiedlung von Bochum nach Wien
hat allen geschadet

PEYMANN
Geschadet
geschadet
geschadet

SCHNEIDER *hält eine lange Unterhose in die Höhe und riecht daran*

Ihre Wäsche Herr Peymann
hat einen eigenartigen Geruch
einerseits riecht sie noch nach Bochum
andererseits auch schon nach Wien
läßt die lange Unterhose angewidert fallen
Ich will nicht sagen daß das ein übler Geruch ist
Herr Peymann

PEYMANN

Das Publikum werden wir schon gewinnen
da habe ich keine Angst
steht mit dem Brief auf und wendet sich Fräulein Schneider zu
Die Minister eines jeden Landes sind Ekelerreger
aber am ekelerregendsten sind die österreichischen
lassen Sie diesen Brief im Ministerium abgeben
ich erwarte keine Antwort
ich habe mich auf Dummköpfe eingestellt

SCHNEIDER *nimmt den Brief und will hinaus*

PEYMANN

Ich habe alles auf eine Karte gesetzt
auf die Peymannkarte

SCHNEIDER

Mein Gott wie schön war doch Bochum

PEYMANN

Wir sind in Wien Fräulein Schneider
und werden damit fertig

entweder wir bleiben ein Jahr
oder zehn Jahre
oder wir gehen gleich wieder
SCHNEIDER *will gehen*
PEYMANN
Moment Fräulein Schneider
Bevor Sie den Brief im Ministerium abgeben
schicken Sie wenigstens zwanzig von den vierzig
Burgschauspielern
die jetzt im Café Landtmann auf meinen Einspänner
sitzen
in das HEIM FÜR SINN- UND ZWECKLOSE KÜNSTLER
und sagen Sie dem Minister
daß er mich am Arsch lecken kann
und sagen Sie der Presse
daß sie mich am Arsch lecken kann
und sagen Sie dem Publikum
daß es mich im Grunde am Arsch lecken kann
SCHNEIDER *will gehen*
PEYMANN
Moment
sagen Sie was ich Ihnen gesagt habe
natürlich n i c h t
natürlich n i c h t Fräulein Schneider
sagen Sie im Gegenteil dem Minister
daß ich ihn freudigst erwarte
und sagen Sie der Presse
daß sie mir willkommen ist

und sagen Sie dem Publikum
daß ich es liebe
und noch etwas Fräulein Schneider
sagen Sie den Dramaturgen
soweit sie noch nicht gänzlich verschimmelt oder
vertrocknet sind
daß ich sie wie ein Stück Brot brauche
und daß mir die Schauspieler alles sind
alles sind alles sind alles sind verstehen Sie
Mein Gott Fräulein Schneider
wohinein sind wir gegangen
Wien ist die Hölle das sage ich Ihnen
das Burgtheater ist ein tragikomischer Fleischwolf
Am liebsten würde ich auf allen vieren nach
Bochum zurückkriechen
und dem deutschen Schwachsinn
weiterhin meine Reverenz erweisen
Nun sind wir aber in diesem entsetzlichen
Österreich
und in der fürchterlichsten aller fürchterlichen
Städte
nämlich in Wien Fräulein Schneider
wo selbst dem wunderbarsten und vollkommensten
Menschen
die Ehre abgeschnitten wird wie ein zum Tode
verurteilter Vollbart
und können nicht mehr zurück

ruft pathetisch
unser Todesurteil wird vollstreckt
SCHNEIDER *ist entsetzt*
PEYMANN *klatscht in die Hände*
Nun gehen Sie
gehen Sie
ich bin gespannt wie es weitergeht

Vorhang

Claus Peymann kauft sich eine Hose und geht mit mir essen

In Wien

PEYMANN *nachdem er in einem Luxusgeschäft auf dem Graben sechs leichte Sommerhosen der Firma Zegna probiert und schließlich die zweitprobierte gekauft und nicht mehr ausgezogen hat, mit seiner alten Hose unter dem Arm, raschen, aber nicht unüberlegten Schrittes auf die Pestsäule zu*
Eine passende Hose
kann glücklicher machen als alles andere
finden Sie nicht auch Bernhard

ICH
Naturgemäß

PEYMANN
Einerseits diese passende Hose
andererseits Richard den Dritten im Kopf
das macht schon glücklich Bernhard
Na dann gehn wir doch mal ein Stück Bernhard
von der neuen Hose fasziniert
Probieren probieren probieren Bernhard
das ist es
das erschöpft uns natürlich
mit der Hose ist es wie mit Wintermärchen
wie mit Leonce und Lena ist es mit der Hose
das Hosenprobieren erschöpft uns natürlich
das Shakespeareprobieren erschöpft uns genauso
wenn wir Hosen probieren erschöpft das genauso
wie wenn wir Kleist probieren oder Shakespeare

Wenn wir eine so passende Hose anhaben
eine so gut sitzende Hose Bernhard
ist es das gleiche Glücksgefühl
wie wenn wir einen passenden Shakespeare
zustande gebracht haben
einen passenden Kleist
einen gutsitzenden Schiller Bernhard
schaut an seiner neuen Hose hinunter, stehengeblieben
Auch im Sitzen sitzt sie gut die Hose
macht sozusagen eine Sitzprobe
Gut nicht wahr
sitzt ausgezeichnet
guter Laden nicht wahr
Wenn wir über vierzig sind
kaufen wir nur noch erstklassige
gutsitzende Hosen
richtet sich wieder auf
Hosenkauf ist immer eine Tragödie gewesen
Ich weiß nicht
ist es fürchterlicher Shakespeare zu probieren
oder sechs Hosen Bernhard
ich weiß es nicht
Diese Stadt verführt zum Hosenkauf
Sie paßt doch die Hose Bernhard
oder nicht
mit frageverzerrtem Gesicht
oder nicht

ICH

Die Hose paßt ausgezeichnet
Zegna macht die besten Hosen
Ihnen paßt der italienische Schnitt
Sie sind absolut keine Figur
für den englischen Schnitt
Sie sind eine Figur
für den italienischen Schnitt Peymann

PEYMANN

Glauben Sie

ICH

Selbstverständlich
in einer Zegnahose sehen Sie am besten aus

PEYMANN

Vor Jahren bin ich noch in Fetzen herumgelaufen

ICH

Vor vierzig sind Sie in Fetzen herumgelaufen
im Winter bei zweiundzwanzig Grad minus
haben Sie nur ausgefranste Blue jeans angehabt
und ein sogenanntes Cocacolaleibchen
bis Sie Iphigenie inszeniert haben in Stuttgart
nach der Iphigenie waren Sie aufeinmal sehr elegant gekleidet
In Paris haben Sie diese Verwandlung durchgemacht

PEYMANN *glücklich über die neue Hose*

Im Ernst Bernhard
paßt mir die Hose

ICH

Kleider machen Leute Peymann
soll ich Ihnen die alte Hose abnehmen

PEYMANN

Ne
nene

ICH

Wissen Sie was
wir gehn in die Zauberflöte essen

PEYMANN

In die Zauberflöte

ICH

Die Zauberflöte ist ein Lokal
in dem man erstklassig ißt und wenig bezahlt

PEYMANN

Da lassen Sie uns doch hingehen Bernhard

ICH

Ich habe das Hosenkaufen
immer gehaßt

PEYMANN

Ich auch

ICH

Ich habe beim Hosenprobieren
immer Erstickungsanfälle bekommen
Es ist ja nicht nur eine Hose
die wir probieren
es sind immer mehrere
oft habe ich sieben oder acht Hosen probiert

und jedesmal habe ich geglaubt
mich trifft in der Probierzelle der Schlag

PEYMANN

Aber er hat Sie nicht getroffen
Sie sind zäh Bernhard
ich kenne kaum einen Zäheren
Schon vor zehn oder vor fünfzehn Jahren
haben Sie gesagt
daß Sie der Schlag trifft

ICH

Die Hosenprobierzellen sind zu eng
in ihnen ist keine Luft
In den Hosenprobierzellen
hat schon so viele der Schlag getroffen
fragen Sie doch die Kleiderinnung
die wird es Ihnen bestätigen
Die Leute gehen in ein Geschäft hinein
und wollen nur eine Hose probieren
und probieren naturgemäß sieben oder acht
und es trifft sie der Schlag
der Kleiderhausprobierzellenschlag ist der häufigste

PEYMANN

Es ist wie wenn ich
drei Tage und Nächte Wintermärchen probiert
hätte

ICH

Fragen Sie die Ärzte auf den Herzstationen

Der während des Hosenprobierens eingetretene
Herztod
ist keine Seltenheit
Wenn wir von den Grabsteinen jeweils die
Todesursache
ablesen könnten
wir würden alle Augenblicke auf den Grabsteinen
gleich welchen Friedhofs lesen
Todesursache Hosenprobe
Wenn Sie ehrlich sind
müssen Sie zugeben
daß eine solche Hosenprobe mehr erschöpft
als eine Theaterprobe
eine Theaterprobe ist nichts dagegen
Die Leute gehen in ein Hosengeschäft
und wollen nur eine Sommerhose kaufen
eine besonders leichte Sommerhose
wie sie sagen
und sie probieren und probieren
und es trifft sie der Schlag
Bei Hosenproben
ist äußerste Vorsicht geboten
Wir probieren nur eine leichte Sommerhose
und holen uns den Tod
Interessanterweise ist der Tod
in den Herrenprobierzellen ungleich häufiger
als in den Damenprobierzellen Peymann

die Damen schlüpfen ja auch leicht in ihre Röcke
hinein
während es den Herren die größte Mühe macht
Andererseits bin ich in solchen Kleiderprobierzellen
schon auf die besten Ideen gekommen
Während einer solchen Hosenprobe
habe ich einmal die Idee für einen Roman gehabt
den Roman habe ich auch geschrieben
in Würzburg merkwürdigerweise
aber naturgemäß habe ich diesen Roman
gleich wieder verworfen und weggeworfen
ich habe mehr Romane weggeworfen als
veröffentlicht
ganz zu schweigen von aller übrigen Prosa
die ich geschrieben und weggeworfen
und nicht veröffentlicht habe
Wir machen nur eine Hosenprobe
und wir konzipieren einen Roman
oder ein Bühnenstück
Schauerlich dieses Wort »Bühnenstück«
Überhaupt das Wort »Bühne«
aber auch das Wort »Stück«
und gar das Wort »Bühnenstück«
Ich hasse ja auch das Wort »Theater«
und das Wort »Schauspieler« hasse ich wie kein
anderes
alles das mit Theater zusammenhängt
hasse ich wie nichts sonst

pathetisch
ich hasse die Bühne
ich hasse die Schauspieler auf der Bühne
ich hasse die Theaterwelt

PEYMANN

Das kann ich nicht sagen

ICH

Naturgemäß
Sie sind ja ein Theatermensch
wie gesagt wird
ich bin aber kein Theatermensch
Mit Haut und Haaren
und mit Ihrem ganzen Herzen
lieben Sie das Theater
sind Sie in das Theater vernarrt
Ich hasse das Theater mit Haut und Haaren
und ich verabscheue es wie nichts sonst
nichts ist mir widerwärtiger
aber gerade deshalb bin ich ihm ausgeliefert
Ich hasse das Theater
und alles das mit dem Theater zusammenhängt
und bin ihm ausgeliefert
Sie sind ihm ausgeliefert aus Liebe
ich bin ihm ausgeliefert aus Haß

PEYMANN

Das Theater ist meine Welt

ICH

Meine Welt ist es nicht

PEYMANN

Das Theater ist meine Leidenschaft Bernhard
nichts als das Theater

ICH

Genau umgekehrt ist es bei mir
ich verabscheue das Theater
es zieht mich an
weil ich es verabscheue
Sie lieben die Schauspieler
ich hasse sie
Sie lieben das Publikum
ich hasse es
Sie lieben die Bühne
ich hasse sie
Alles das Sie lieben
hasse ich
alles das Sie verabscheuen
liebe ich
ich liebe alles
das Sie verabscheuen

PEYMANN

Eine gute Rindsuppe Bernhard
die wünsche ich jetzt
ist es heiß
wünschen wir eine heiße Rindsuppe
Österreich ist das beste Rindsuppenland
nichts ist besser in Österreich
als die Rindsuppe

In keinem Land der Welt
haben Sie eine bessere Rindsuppe Bernhard

ICH

Soll ich Ihnen nicht doch die alte Hose abnehmen

PEYMANN

Wo denken Sie hin Bernhard
wenn ich nicht einmal die Kraft hätte
meine alte Hose allein zu tragen
Wie schätzen Sie mich ein
Schließlich bin ich Burgtheaterdirektor
da muß ich mehr Kraft haben
als nur meine alte Hose zu tragen Bernhard
geht schneller auf der Kärtnerstraße Richtung Oper
Als Burgtheaterdirektor
ist es ja ein fortwährendes Kräftemessen
da habe ich keine Angst Bernhard
Das Burgtheater ist Schwergewicht Bernhard
Schwergewicht ist das Burgtheater
wie kommen Sie denn überhaupt auf die Idee
daß ich nicht einmal meine alte Hose tragen kann
wenn ich Burgtheaterdirektor bin
Der Burgtheaterdirektor hat tagtäglich
das g a n z e Burgtheater zu tragen Bernhard
bildlich gesprochen Bernhard bildlich
stellen Sie sich das mal vor
tagtäglich das ganze Burgtheater wie es liegt und steht Bernhard
dieses ganze vor Schauspielern und Dramaturgen

überquellende Burgtheater aufzuheben schon in der Frühe
und in die Höhe zu stemmen
und immer höher und höher zu stemmen Bernhard
immer noch höher und höher Bernhard
und immer höher als alle anderen Direktoren ihre Theater
der Burgtheaterdirektor das Burgtheater
stellen Sie sich das mal vor Bernhard
Sie wachen in der Frühe auf und Sie wissen
Sie müssen das Burgtheater in die Höhe stemmen
und zwar immer höher und höher
und in jedem Fall höher als Burgtheaterdirektor das Burgtheater
als alle andern Direktoren ihre Theater
diese lächerlichen Bühnen Bernhard
diese lächerlichen Bühnen in Deutschland und in der Schweiz
überhaupt diese lächerlichen europäischen Bühnen
ich hebe das Burgtheater jeden Tag so hoch
wie kein anderer Theaterdirektor seine Bühne in die Höhe hebt

ICH

Da sind Sie ja ein richtiger Kraftlackel

PEYMANN

Was ist das

ICH

Ein Kraftlackel ist ein Mensch

der gar nicht so viel Kraft hat
wie er haben müßte
aber soviel Kraft zeigt wie kein anderer

PEYMANN

Das ist ein Kraftlackel

ICH

Ja das ist ein Kraftlackel

PEYMANN

Die österreichischen Begriffe
sind umwerfend komisch
vieles fast alles ist hier
umwerfend komisch
ich bin darauf gekommen daß hier
beinahe alles umwerfend komisch ist
Österreich ist die tollste Komödie
die mir bis jetzt untergekommen ist

ICH

Die Österreicher glauben
ihr Vaterland ist eine Tragödie
während es doch eine Komödie ist

PEYMANN

Eine Komödie ist Österreich
und was für eine
eine ungeheuerliche Komödie
wie wenn sie ein Ausbund von Shakespeare
geschrieben hätte
Tatsächlich habe ich jetzt oft das Gefühl Bernhard
Österreich ist eine Komödie von Shakespeare

die man nicht inszenieren muß
sie ist schon da
die einzige fertige grandiose die tollste Komödie
von allen
ist die österreichische
Denken wir nur an die Darsteller
sie sind schon da
denken wir nur an das Bühnenbild
es ist schon da
denken Sie nur an die Bühnenmusik
sie ist schon da
die tollste Komödie aller Zeiten
ist Österreich
kein Theaterstück der Welt kommt an dieses heran
und die Österreicher selbst haben diese tollste
Komödie
aller Zeiten inszeniert
die totale Volkskomödie ist Österreich
die totale Volkskomödie
Kein Schriftsteller Sie eingeschlossen mein lieber
Bernhard
hätte diese tollste aller Komödien schreiben
kein Regisseur mich eingeschlossen
jemals inszenieren können
und dieses Österreich als Bühnenbild
ist auch das tollste das es jemals gegeben hat
Wahrscheinlich ist dieses Österreich
die einzige die totale Weltkomödie Bernhard

Wenn ein Theater
dann ist es Österreich
wenn Schauspieler
dann sind es die Österreicher
wenn ein Bühnenbild
dann ist es Österreich
Gegen dieses Österreich als Weltkomödie
sind Sie mein lieber Bernhard nichts
und ich selbst bin dagegen nichts
denn Sie hätten so etwas Gewaltiges so etwas
Einmaliges
so etwas Ungeheuerliches niemals schreiben
und ich hätte so etwas Gewaltiges und Einmaliges
und Ungeheuerliches niemals inszenieren
und unser lieber Karl-Ernst Herrmann
hätte so etwas Gewaltiges und so etwas Einmaliges
und so etwas Ungeheuerliches niemals bauen
können
dagegen sind wir Theaterleute ja geradezu
lächerliche Zwerge
Ein Dichterzwerg sind Sie Bernhard
ein Regiezwerg bin ich
ein Bühnenarchitekturzwerg ist Herrmann
gegen dieses Österreich
Wenn mich jemand fragt
wo denn das beste Theater der Welt ist
so antworte ich ja immer »Österreich«
ich sage »Österreich«

worauf die Leute immer fragen »wo in« Österreich
und ich antworte »nicht in Österreich Österreich
Österreich selbst ist es«
fahren Sie nach Österreich sage ich zu allen Leuten
und Sie kommen in das allererste Theater der Welt
kaufen Sie sich eine gute Karte sage ich zu allen
diesen Leuten
kaufen Sie sich ein Bett im Imperial oder im Bristol
im Sacher oder im Ambassador
und genießen Sie das tollste Theater der Welt
sage ich zu allen diesen Leuten
die natürlich über mich verblüfft sind
Ich dachte sagen alle diese Leute
das tollste Theater ist da
wo Sie arbeiten Herr Peymann
und Sie arbeiten doch ab jetzt am Burgtheater
also ist doch das Burgtheater ab jetzt
das beste Theater der Welt
Nein sage ich neinnein ich bin es nicht
auch das Burgtheater ist es nicht
Österreich ist es
Österreich ist das beste Theater der Welt
so verblüffe ich die Leute Bernhard
so verunsichere ich sie
die Leute glauben dann
ich sei verrückt
Sie rechneten mit meinem Größenwahn
und entdecken

daß ich nichts anderes als verrückt bin
indem ich sage Österreich ist
das beste Theater der Welt
Mein lieber Bernhard
mein ganzes Leben lang habe ich die Leute
an der Nase herumgeführt
wie Sie sie Ihr ganzes Leben lang an der Nase
herumgeführt haben
als Burgtheaterdirektor habe ich ja geradezu die Verpflichtung
die Leute an der Nase herumzuführen
Ich zeige den Leuten die lange Nase
und führe sie an der Nase herum
als Burgtheaterdirektor kann ich ja gar nicht anders
als die Leute an der Nase herumzuführen
an der langen Nase die ich ihnen zeige
herumzuführen
ein Burgtheaterdirektor ist natürlich ein ganz großer
Andernaseherumführer
das wissen Sie doch Bernhard
Sie der große Andernaseherumführer
Ich bin ganz glücklich in dem Gedanken
daß wir beide
Sie als Schriftsteller
und ich als Burgtheaterdirektor
die Leute an der Nase herumführen
zu was sonst ist ein Burgtheaterdirektor da

als die Leute an der Nase herumzuführen
an der Burgtheaternase
an dieser riesigen aufgeblasenen Burgtheaternase
Schreiben Sie doch ein Stück Bernhard
in welchem Sie alle Leute an der Nase herumführen
so ein Stück wünsche ich mir von Ihnen
so ein richtiges Andernaseherumführstück
setzen Sie sich doch hin Bernhard
und schreiben Sie ein solches Andernaseherum-
führstück
Großes Theater Bernhard
viel Volk viel Schweinerei viel Größenwahn
viel Verbrecherisches Abgeschmacktes
Niederträchtiges
ein richtiges Burgtheatertheater
eine richtige große alles verstörende Andernase-
herumführkomödie
bringen Sie einmal Ihre ganze Rücksichtslosigkeit
auf der Bühne
Ihren ganzen Weltekel
nicht nur Ihren halben Weltekel sondern Ihren
ganzen Weltekel Bernhard
schreiben Sie so ein Stück Welttheater
daß es das Burgtheater zerreißt
so einen richtigen grandiosen Weltscherz Bernhard
daß das Burgtheater explodiert
daß die ganze Stadt Wien erzittert
Sie wissen schon was ich meine

Sie wissen ja was ich von Ihnen immer erhofft habe
diesen ganz großen weltumwerfenden Wurf
diese ganz und gar weltausdenangelnhebende
Komödie für alle
dieses Komödienungeheuer Sie wissen schon
Bernhard
schreiben Sie etwas das alles andere
in den Schatten stellt
schreiben Sie ganz einfach einmal die ganze
Weltliteratur nieder
schreiben Sie sie ganz einfach einmal in Grund und
Boden
reißen Sie sich zusammen Bernhard und schreiben
Sie der Welt ein Loch in den Bauch
schreiben Sie einen richtigen Welthammer
Bernhard

ICH *der ich Claus Peymann bis auf die Ringstraße und wieder in die Kärtnerstraße zurück gefolgt bin, ohne tatsächlich mit ihm schritthalten zu können*
Wollen Sie nicht doch
daß ich Ihnen Ihre alte Hose trage

PEYMANN
Wo denken Sie hin Bernhard
Sie vergessen daß ich auf dem Höhepunkt meiner
Kräfte bin
plötzlich stehengeblieben
Sie wissen gar nicht Bernhard
wie glücklich ich mich fühle in der neuen Hose

Zu einem neuen Burgtheaterdirektor
gehört auch eine neue Hose
finden Sie nicht Bernhard finden Sie nicht

ICH

Naturgemäß naturgemäß

PEYMANN

Schade daß man sich nicht auch ohne weiteres
einen neuen Kopf kaufen kann Bernhard
ich ginge jetzt im Augenblick gern mit Ihnen in einen Laden
und kaufte mir einen neuen Kopf
das ganze Leben laufen wir doch immer nur
mit einem abgetragenen ich will sagen mit einem abgenutzten Kopf herum
mit einem schäbig gewordenen Kopf Bernhard
alle Leute haben einen schäbigen Kopf auf
alle Köpfe die wir sehen sind abgenützte Köpfe
ich selbst habe natürlich einen völlig abgenützten Kopf
kaum haben wir einen Kopf
haben wir auch schon einen abgenützten
die Welt hat nur lauter abgenützte Köpfe
Das wäre doch eine tolle Sache Bernhard
wenn wir jetzt in ein Geschäft gehen könnten
und könnten uns neue Köpfe kaufen
und Sie trügen dann einen neuen
und ich trüge Ihren alten abgenützten in der Plastiktasche

und ich trüge auch einen neuen
und Sie trügen meinen alten Kopf in der
Plastiktasche
und wir gingen mit neuen Köpfen auf dem Hals
in die Zauberflöte essen
und hätten unsere alten Köpfe in den Plastiktaschen
Aber manchmal genügt es ja schon
wenn wir uns eine neue Hose kaufen Bernhard
es muß ja nicht ein neuer Kopf sein
oder einen neuen Hut
und tragen den alten in der Plastiktasche mit uns
Ach Bernhard
was habe ich mir nicht alles versprochen von Ihnen
als Dramatiker
Aber ich habe die Hoffnung nicht aufgegeben
Oft sage ich mir in der Nacht wenn ich aufwache
er schreibt schon einmal das Stück auf das ich warte
Ich habe die Hoffnung nicht aufgegeben Bernhard
ich habe niemals die Hoffnung aufgegeben

PEYMANN *tritt mit mir in die Zauberflöte ein, und wir setzen uns, nachdem er die Speisekarte gelesen und sich etwas ausgesucht und sich in der Zauberflöte umgeschaut hat*
Wer ist denn das

ICH
Der Vizekanzler
ein Nazi

PEYMANN
Und der

ICH

Der Landwirtschaftsminister
ein alter Nazi

PEYMANN

Und der dort

ICH

Der Verteidigungsminister
ein Nazi

PEYMANN

Und der

ICH

Der Außenminister
ein alter Nazi

PEYMANN

Und der dort

ICH

Der Rechnungshofpräsident
ein alter Nazi

PEYMANN

Und der

ICH

Der Chefredakteur der angesehensten Wiener Zeitung
ein alter Nazi

PEYMANN

Und der da

ICH

Der Chefredakteur der zweitangesehensten Zeitung
von Wien
ein alter Nazi

PEYMANN

Und der dort

ICH

Das ist der Kultur- und Kunstminister
ein Dummkopf ein Idiot

PEYMANN

Und der da

ICH

Das ist der Bundeskanzler
ein Dummkopf

PEYMANN

Und der

ICH

Das ist der neugewählte Bundespräsident
ein alter Nazi

PEYMANN

Und die dort

ICH

Das sind lauter Nazis

PEYMANN

Und die andern

ICH

Das sind lauter Dummköpfe und Nazis

PEYMANN
Und die Kellnerin
ICH
Die ist katholisch und kennt alle und weiß von nichts
PEYMANN
Na dann bestellen wir doch einfach Rindsuppe
ICH
Ja freilich
PEYMANN
Was empfehlen Sie mir denn Bernhard
ICH
Tafelspitz
PEYMANN
Dann essen wir mal Tafelspitz
zur Kellnerin
Mal Rindsuppe mit Leberknödel
dann Tafelspitz mit Semmelkren
und dann noch ne Mehlspeise
nehm wa doch Millirahmstrudel mit Tunke
steckt sich die Serviette in den Kragen
Tolle Stadt Bernhard
tolles Land Bernhard
Österreich ist schon n Hammer Bernhard
streckt die Beine aus, bevor er den ersten Löffel Suppe ißt und wie in einem plötzlichen Glücksgefühl ausruft

Hier wundert mich bald gar nichts Bernhard
rein gar nichts rein gar nichts
löffelt zuerst langsam, dann sehr schnell seine Suppe aus

Vorhang

Claus Peymann und Hermann Beil
auf der Sulzwiese

Nach dem ersten Jahr an der Burg

Schubertmusik von ferne
Der Burgtheaterdirektor PEYMANN *sitzt unter einer blühenden Linde und beißt in ein großes kaltes Wiener Schnitzel*
Sein Mitdirektor, der Dramaturg BEIL, *sitzt neben ihm und wickelt ein noch größeres kaltes Wiener Schnitzel aus und beißt hinein*
Kein Blatt regt sich

BEIL *schaut über die Donau bis in die Slowakei*

PEYMANN *nachdem er ein zweites Mal in sein Wiener Schnitzel gebissen hat*
Auf den Sturm kommt es an

BEIL *nachdem er ein zweites Mal in sein Wiener Schnitzel gebissen hat*
Natürlich

PEYMANN
Sagen Sie nicht immer »natürlich« Beil
Natürlich ist gar nichts
der Sturm ist das Unnatürlichste
der ganze Shakespeare ist unnatürlich
plötzlich aufgebracht
und der Sturm ist der unnatürlichste Shakespeare überhaupt
Alles künstlich Beil
der ganze Shakespeare ist künstlich
beißt in sein Schnitzel

Am liebsten würde ich alle Shakespearestücke auf
einmal inszenieren
und an einem einzigen Abend aufführen
eine einzige tolle Shakespearekonzentration Beil
warum nicht eine totale Shakespearekonzentration
wenn wir alle Stücke von Shakespeare
zusammenquetschen in ein einziges verstehen Sie
Beil
alle Shakespearestücke zu einem einzigen machen
verstehen Sie
alle Personen aller Shakespearestücke in einen
einzigen Abend hineinquetschen
und alle Shakespeareschauplätze zu einem einzigen
Shakespeare-Schauplatz machen
das wär ein toller Theaterabend finden Sie nicht
Beil
S t u r m H a m l e t R i c h a r d III. und II. W i n t e r-
m ä r c h e n M a c b e t h etcetera
das wärs
beißt in sein Schnitzel
das schwebt mir vor

BEIL *beißt in sein Schnitzel und trinkt einen Schluck Gumpoldskirchner aus einer mitgebrachten Flasche, dann*
Das schwebt Ihnen vor

PEYMANN
Ja das schwebt mir vor
das ist ja keine Verrücktheit Beil
was ich Ihnen da sage

das ist mein voller Ernst Beil
den ganzen Shakespeare an einem Abend
und die Sonette führen wir auch auf
das eigentliche Drama sind die Sonette
Sturm und Hamlet gleichzeitig
und alles zusammen nicht länger als fünf Stunden
das wäre ein Höhepunkt Beil
Glauben Sie denn das ist eine Absurdität
Sie glauben doch nicht daß das eine Absurdität ist
den ganzen Shakespeare an einem Abend
die Technik dazu haben wir ja
wozu haben wir eine so gigantische Technik
beißt in sein Schnitzel
Das Theater ist eine einzige Ausweglosigkeit
dahin kommen alle
die lebenslänglich einen Ausweg gesucht haben
das Theater hat keinen Ausweg
außer

BEIL

außer

PEYMANN

außer wir führen *den ganzen Shakespeare*
an einem Abend auf
dazu brauchen wir allerdings eintausendacht-
hundertvierunddreißig Personen
und naturgemäß nur die allerersten Schauspieler
als Darsteller Beil
aber genausoviel Bühnenbilder als Stücke

ineinandergebaut Beil ineinandergebaut
und wir spielen diesen Shakespeare in allen
Sprachen
in denen Shakespeare jemals gespielt worden ist
und eine wienerische und eine steiermärkische
Variante
und eine nationalsozialistische
und eine zionistische Variante
und vergessen Sie nicht auch in Grönland
ist Shakespeare gespielt worden
und in der kirgisischen Mundart
und in Tirol Beil
beißt in sein Schnitzel
Wenn ich nur die Welt noch mehr staunen machen
könnte
staunenmachen staunenmachen staunenmachen das
ist es
das Theater tritt auf der Stelle auf der Stelle tritt es
wir müssen ja aus dem Burgtheater etwas machen
das noch niemand aus dem Burgtheater gemacht hat
der Bernhard meint das Burgtheater gehört
am nächstmöglichen Aschermittwoch zugesperrt
und an dem darauffolgenden Gründonnerstag
so feierlich als nur möglich für die Ewigkeit
zubetoniert
mit allen ihm zur Verfügung stehenden Schau-
spielern, Regisseuren und Dramaturgen
der Bernhard meint das Burgtheater gehört

auf die liebenswürdigste österreichische Weise
»ausgehungert«
ohne daß er gesagt hat wie er das meint
das Burgtheater könne man auch verpacken
und in die Mongolei schicken expreß
selbstverständlich ohne Nachnahme
er hat auch gesagt er könne sich gut vorstellen
daß er das Burgtheater eigenhändig
und ohne Zuhilfenahme einer fremden Hand
nur mit einer ganz gewöhnlichen Zwölferhorn-
spitzhacke ausgestattet
in Grund und Boden haut
daß es nurmehr noch ein stinkender Haufen Schutt
ist
auf dem die Burgschauspieler lamentierend herum-
hocken nackt und bloß
Shakespeare und Nestroy rezitierend
in einem so unglaublichen Dilettantismus
daß sie mit der Zeit alle
allen so auf die Nerven gehen
daß sie auf Anordnung aller psychiatrischen Ärzte
in einen Sprachkurs für Anfänger eingewiesen
werden
aus dem sie wegen Unfähigkeit lebenslänglich nicht
mehr herauskommen
er könne sich auch vorstellen
daß das Burgtheater von einem Augenblick auf den
anderen

zu einer staatlich geführten Nervenheilanstalt
»mit dem Anspruch der Unheilbarkeit« gemacht
wird
so gäbe es in Wien über Nacht
die einzige Nervenheilanstalt auf der Wiener
Ringstraße
gegenüber dem Rathaus
und der Direktor dieser Nervenheilanstalt
in welcher niemand geheilt werden kann
ist der Wiener Bürgermeister Zilk
der ja wie alle wissen
genau gegenüber dem Burgtheater residiert
der Wiener Bürgermeister wird ganz einfach zum
Direktor
der einzigen staatlich zugelassenen mimischen
Nervenheilanstalt auf der Wiener Ringstraße ernann
das ist doch ganz einfach
das Burgtheater könne man ja auch ganz einfach so
wie es ist
als Theatermuseum stehenlassen und anstatt
Schauspieler
Wachsfiguren in ihm aufstellen auf der Bühne
und Wachsfiguren im Zuschauerraum
und alle zwei Stunden geht der Vorhang auf
und die Wachsfiguren auf der Bühne verneigen sich
und die Wachsfiguren im Zuschauerraum klatschen
und der Vorhang geht wieder zu
er beißt in sein Schnitzel

das wäre nach Bernhard das Idealtheater
der Bernhard hat auch gesagt
das Burgtheater eigne sich vor allem
als Kaffeerösterei
und der Staat solle doch der Firma Meinl
ein Angebot machen
das Burgtheater sehe ja auch aus wie eine Kaffee-
rösterei
mit seinen zwei Kaffeeröstereikaminen
nur nicht auf den Bernhard hören Beil
auf den Bernhard nicht hören
auf dieses arrogante Theaterscheusal
Einen Shakespeare
wie es ihn noch niemals gegeben hat Beil
wie ich ihn gerade angedeutet habe Beil
wie ich ihn tatsächlich vorhabe Beil
wie ich ihn machen werde Beil
hören Sie mich Beil
hören Sie mich

BEIL *der gerade in sein Schnitzel gebissen hat*
Natürlich

PEYMANN
Immer kommen Sie mir
mit Ihrem »natürlich«
wenn Sie doch einmal sagen würden »künstlich«
»künstlich« Beil »künstlich« Beil »künstlich«
es ist doch alles »künstlich« in der Welt Beil
»künstlich« »künstlich« Beil »künstlich«

während Sie andauernd »natürlich« sagen
das macht mich verrückt
das habe ich notwendig gehabt
daß ich mit Ihnen hier herauf gestiegen bin auf die Sulzwiese
um den Sturm zu besprechen
und Sie kommen mir mit Ihrem »natürlich«
meine ganze Umgebung kommt mir mit diesem »natürlich«
alle um mich herum sagen andauernd »natürlich«
wo sie doch nichts als »künstlich« sagen sollten die ganze Zeit
beißt in sein Schnitzel
Dazu habe ich auf die Sulzwiese heraufgehen müssen
um mein Schnitzel essen zu können
und um Sie nichts anderes sagen zu hören als »natürlich«
Mein Gott Beil
sagen Sie doch einmal »künstlich«
und sagen Sie es meinetwegen jeden Tag millionenmal
aber sagen Sie nicht mehr »natürlich«
es gibt nichts Natürliches mehr
und in Wien schon gar nicht
Den Sturm habe ich machen wollen
und den ganzen Shakespeare mache ich
den ganzen Shakespeare

das überfordert die Dramaturgie Beil
das überfordert die Dramaturgie
die Dramaturgie ist ja nicht für das Theater
das mir vorschwebt
sie ist nicht für das Theater das ich machen will
dazu ist mir die Dramaturgie »an sich« zu einfach
um nicht sagen zu müssen
daß sie mir dazu zu dumm ist
dazu sind mir alle Dramaturgen die es gibt zu
dumm
beißt in sein Schnitzel
Wenn ich sehe wie Sie in Ihr Schnitzel beißen
denke ich
daß es nicht für den ganzen Shakespeare reicht
tatsächlich es reicht nicht für den ganzen
Shakespeare
für ein Shakespearestück ja für den Sturm ja
meinetwegen auch für Macbeth
aber nicht für den ganzen Shakespeare
beißt in sein Schnitzel
Shakespeare wie er immer gemacht worden ist
kann nicht mehr gemacht werden
überall wird heute Shakespeare gemacht
wie er nicht mehr gemacht werden kann
auf der ganzen Welt gibt es ja nurmehr noch ein
größenwahnsinniges Stümpertheater
Stümperdramaturgen Stümperregisseure Stümper-
schauspieler

Wenn überhaupt noch ein Theater gemacht werden
kann
kann ja nur noch das Theater gemacht werden
das ich machen will
das ist ja alles zum Kotzen was heute gemacht wird
und vor allem mit Shakespeare gemacht wird
seit Jahrzehnten werden in den Theatern
ja nurmehr noch alte Hüte aufgesetzt
das ist ja ein unerträglicher Zustand Beil
dieser unerträgliche Zustand muß abgeschafft
werden
Verstehen Sie mich denn nicht
verstehen Sie micht nicht Beil

BEIL *der in sein Schnitzel gebissen und sich gleichzeitig vor Zeckenangst geschüttelt hat, weil er weiß, daß es auf der Sulzwiese Millionen Zecken gibt, die einem die Gehirnhautentzündung hineinbeißen in den Körper*
Natürlich
natürlich verstehe ich Sie

PEYMANN *nachdem er von* BEIL *enttäuscht ist und die Gumpoldskirchnerweinflasche endgültig an sich genommen hat*
Wir haben nur die Möglichkeit
ein Theater zu machen
das es noch nie gegeben hat
sein ganzes Leben hat er darüber nachgedacht
wie ein Theater zu machen sei
das es noch nie gegeben hat sagt der Bernhard
ich denke jetzt schon das ganze Jahr nach

wie ein Theater zu machen sei
das es noch nie gegeben hat

BEIL *auf Wien schauend und in sein Schnitzel hineinbeißend*
Das ist ja fürchterlich Peymann

PEYMANN
Das ist überhaupt nicht fürchterlich jetzt
wo ich genau weiß
was ich zu tun habe
was ich zu spielen habe
mir ist ganz klar
was ich zu spielen habe
den ganzen Shakespeare alles von Shakespeare
an einem Abend
in fünf Stunden
das ganze Welttheater also den ganzen Shakespeare
in einer einzigen Fünfstundenkonzentration
sein Kopf sinkt ihm auf die Brust, das Schnitzel ist schon fast zur Gänze verschlungen
nachdem er den Kopf wieder aufgerichtet hat
Ich glaube jetzt hab ichs

BEIL
Was

PEYMANN
Die Idee die Tat

BEIL
Was für eine Idee was für eine Tat

PEYMANN
Mein Theater

meinen Shakespeare
meine Zukunft
mein Ziel
verstehen Sie mich Beil mein Ziel
mein Alltheater

BEIL *nachdem er sein Schnitzel fertiggegessen hat*
Ein herrliches Schnitzel

PEYMANN *nachdem er sein Schnitzel fertiggegessen hat*
Ich werde den ganzen Shakespeare
an einem Abend
der nicht länger dauert als fünf Stunden
aufführen
mit den besten Schauspielern der Welt
mit den besten Bühnenbildnern der Welt
mit dem besten Publikum der Welt
im Burgtheater selbstverständlich

BEIL
Natürlich im Burgtheater Peymann
wo sonst

PEYMANN
Wo sonst wo sonst wo sonst
steht auf und schaut auf Wien hinunter

BEIL *steht auch auf und schaut auf Wien hinunter*

PEYMANN
Eine so schöne Stadt finden wir nicht wieder
haben Sie gehört Beil
nicht wieder

Und ein so gutes Publikum auch nicht mehr
hören Sie Beil hören Sie mich

BEIL

Natürlich höre ich Sie

PEYMANN

Kommen Sie
gehen wir in die Stadt hinunter
geht in die Stadt hinunter

BEIL *folgt ihm, nachdem er die Papiere, in die die Schnitzel eingepackt waren, aufgehoben und in seine Hosensäcke gesteckt hat*

PEYMANN *auf der Höhe des Krapfenwaldlbades*

Wenn ich ehrlich bin lieber Beil
ich habe das ganze Jahr das wir jetzt in Wien sind
keine einzige Nacht geschlafen

BEIL

Ich auch nicht

PEYMANN

Wie lang ein Mensch derartige Schlaflosigkeit durchhält
weiß ich nicht
Was mich betrifft es ist ein Phänomen

BEIL

Was mich betrifft auch

PEYMANN

Mir scheint die Wiener sind dort
wo die andern lieben
gehässig

und wo die andern gehässig sind
lieben sie
Das haben wir noch nicht ganz heraußen mein
lieber Beil
Heute nacht habe ich geträumt
der Bundeskanzler Vranitzky hat sich auf mich
gestürzt
und mich gewürgt
und die Ministerin für Kultur Havlicek hat mir mit
einer Maurerfaust
auf den Kopf geschlagen
und der Bürgermeister Zilk hat mir einen Fußtritt
gegeben
bevor ich ohnmächtig geworden bin
haben mich die Burgschauspieler ausgelacht
Und Sie mein lieber Beil
haben mir die Augen zugedrückt
die Augen zugedrückt Beil
und den Mund verschlossen
Sie haben mir den Mund ganz einfach brutal
zugedrückt
Ich träume schon das ganze Jahr
daß ich umgebracht werde
die Wiener nähern sich mir von hinten
und bringen mich um
sie nennen meinen Namen und bringen mich um
sie lauern mir überall auf
und schlagen mir auf den Kopf

sie stellen mir an allen möglichen Ecken ein Bein
und schlagen mir auf den Kopf
der Bundeskanzler Vranitzky empfängt mich
es ist eine Falle
die Kulturministerin Havlicek empfängt mich
es ist eine Falle
der Gewerkschaftspräsident empfängt mich
es ist eine Falle
wo ich auch hingegangen bin
ich bin in eine Falle gegangen
ich bin nach Österreich gegangen
und bin in eine Falle gegangen
ich bin nach Wien gegangen
und bin in eine Falle gegangen
ich bin in die Burgtheaterfalle gegangen Beil
Träumen Sie denn nicht solche Träume Beil
bringen Sie denn die Wiener nicht um

BEIL *der seine Brille poliert und das Forellenquintett gesummt hat*
Natürlich

PEYMANN
Was heißt natürlich
natürlich
oder natürlich nicht
natürlich ja
oder natürlich nein
mein Gott immer sprechen Sie Ihre Dramaturgensprache Beil

sprechen Sie doch einmal normal mit mir
Haben Sie solche Träume oder nicht
bringt Sie denn niemand um in Ihren Träumen
können Sie denn ruhig schlafen
als wenn Sie diese Wiener Hölle nichts anginge Beil

BEIL *nachdem er seine Brille aufgesetzt und in der Ferne das Burgtheater gesucht hat*

Mein lieber Peymann
ich träume noch viel fürchterlichere Träume als Sie
mich verfolgen ganze Heerscharen von Schriftstellern
und Schauspielern in der Nacht
Armeen von schreibenden und spielenden Dilettanten
Armeen von Schwachsinnigen
Weil wir immer nur den höchsten Anspruch im Kopf haben
und weil wir mit dem höchsten Anspruch nach Wien gegangen sind
wache ich jede Nacht mit einem Angstschrei auf

PEYMANN *fragend*

Mit einem Angstschrei

BEIL

Ich nehme in jeder Nacht neue Stücke an
acht oder neun Stücke nehme ich jede Nacht an
da müßten wir jeden Abend zwölf Stücke spielen
wenn wir die Stücke alle aufführen wollten
die ich in der Nacht angenommen habe

PEYMANN

Tatsächlich

BEIL

Ich habe achttausend Schauspieler vorsprechen lassen
und viertausendzweihundert engagiert

PEYMANN

Tatsächlich

BEIL

Für *Richard den Dritten* habe ich von einundzwanzig Bühnenbildnern
sechsundvierzig Bühnenbilder angekauft

PEYMANN

Das ist ja entsetzlich

BEIL

Das Burgtheater habe ich eigensinnig für vierzehn Tage im Winter geschlossen
und es an einen Rassehundeverein aus Floridsdorf vermietet
Ich habe die Schauspieler
alle Burgschauspieler aufgefordert
Ihnen einen Maulkorb umzuhängen
und Sie so mit diesem Maulkorb über die Kärntnerstraße und den Graben zu treiben

PEYMANN

Tatsächlich

BEIL

Ich habe Ihnen einen Teller Erbsensuppe hingestellt

der vergiftet war
Sie löffelten ihn aus
aber Sie starben nicht
Ich habe Sie gezwungen einen Affen Egmont
spielen zu lassen
ich habe Ihnen das Burgtheater um drei Schillinge
achtzig verkauft
weil ich dachte es gehört mir
ich habe mit den Burgschauspielern die Pyramiden
von Gizeh bestiegen
und Ihnen von Gizeh eine Karte geschickt
ich habe im Burgtheater umgerührt wie in einem
Suppentopf
ich habe Richard den Dritten ganz anders
besetzt als Sie
ich habe alle Stücke die wir auf dem Burgtheater
spielen
ganz anders besetzt
Sie sind auf einen Abgrund zugegangen
und ich habe geschrien »kehren Sie um Peymann«
aber Sie sind weitergegangen
und nicht abgestürzt
Sie sind wie Christus weitergegangen
Sie konnten in der Luft gehen
Mein Gott ich habe Ihnen einmal die Zähne gezeigt
und Sie haben mich dafür geohrfeigt
Auf der Bühne waren auf einmal lauter
Dramaturgen

und in der Dramaturgie lauter Schauspieler
einmal stürzte ich mich auf Sie und würgte Sie
das gefiel Ihnen
Sie wiesen mich nicht einmal zurecht
»Ich gehe nicht von hier fort«
haben Sie einmal auf der Burgtheaterbühne
ausgerufen pathetisch
»ich sterbe hier«
darauf habe ich mehrere Male das Wort »abstoßend«
gesagt
das rührte Sie aber gar nicht
»Sie sind unverschämt Herr Peymann« habe ich
Ihnen ins Gesicht geschrien
»Sie sind größenwahnsinnig«
»Sie sind eine Theaterausgeburt«
daraufhin nannten Sie mich einen »Geistesstümper«
und gaben mir den Befehl
dem Bernhard sein neues Stück an den Kopf zu
werfen

PEYMANN

Tatsächlich

BEIL

Sie wissen ja gar nicht
was Sie in meinen Träumen sind

PEYMANN

Und Sie wissen nicht was Sie sind
in meinen Träumen

BEIL

»Ich gehe mit Ihnen solange überall hin
bis Sie sich selber vernichtet haben Peymann«
habe ich Ihnen aus der Proszeniumsloge zugerufen
während einer Richardprobe
»Am Ende ist es doch nur ein Gefälligkeitstheater«
habe ich Ihnen gesagt
eine dramatische Perversität
ein bühnenperplexer Alptraum
Sie warfen mir einmal Ihr Butterbrot vor die Füße
und ich hob es auf
aber ich weiß warum ich es aufgehoben habe
»Brillanz Brillanz Brillanz« haben Sie immer gesagt
aber ich hörte nicht
Ich strich alle Stücke so lange
bis von ihnen nichts mehr da war
ich strich die ganze dramatische Weltliteratur aus
und Sie lachten nur dazu
höhnisch lachten Sie dazu
dieses Lachen werde ich nicht vergessen

PEYMANN

Die Ministerin für Kultur Havlicek
hat mir mit einer Hacke den Kopf gespalten
und der Bürgermeister Zilk hat mir einen Fußtritt
gegeben
und mir gleichzeitig ein Stilett in den Rücken
gerannt
und die Burgschauspieler

die eigenen Burgschauspieler haben mich
ausgelacht
und Sie mein lieber Beil mein dramaturgischer
Freund
haben mir die Augen zugedrückt
vorgestern träumte ich
daß ich einen Spießrutenlauf durch die Wiener
Innenstadt
gelaufen bin Beil
nur mit meiner Bochumer Unterhose bekleidet
die Wiener peitschten mich auf dem Graben aus
ich floh in die Kärntnerstraße
dort schlugen sie noch rücksichtsloser auf mich ein
»Ich bin ja auch nur ein Mensch«
»ich bin ja auch nur ein Mensch« schrie ich
verzweifelt
davon waren sie nicht beeindruckt
ich duckte mich unter ihren Schlägen
und flüchtete schließlich in die Malteserkirche
hinein
Wo ich hinkam schrien mich die Wiener nieder
»Ich will nicht mehr nach Bochum zurück
ich will nicht mehr nach Bochum zurück« jammerte
ich
da stießen sie mir Messer in den Rücken
»Ich bin der Minister für Finanzen« sagte einer
pathetisch
und rannte mir sein Messer in den Rücken

mein lieber Beil
ich habe auch meine Träume wie Sie sehen
aber sicher lassen sich Ihre Träume
nicht mit meinen Träumen vergleichen
Direktorträume sind ja nicht Dramaturgenträume
schaut auf die Sulzwiese zurück
Einmal in der Woche auf die Sulzwiese Beil
unter die Linde Beil
zur Errettung
zur Existenzerrettung
Wir haben die Wiener unterschätzt
sie sind viel gehässiger und bösartiger als wir gedacht haben
aber sie haben auch einen viel höheren Kunstverstand als wir gedacht haben
wir haben immer gedacht sie haben keinen Kunstverstand
und sie sind nicht so bösartig und gehässig
sie haben einen hohen Kunstverstand
und sie sind die bösartigsten und die gehässigsten auf der Welt
An alles habe ich gedacht nur nicht
daß ich einmal in Wien Theater machen werde
Haben Sie denn jemals daran gedacht in Wien Theater zu machen

BEIL

Nein

PEYMANN

Jetzt sind wir in die Falle gegangen
in unsere Lebensfalle in unsere Existenzfalle
sie gehen schneller

PEYMANN

Der Dramaturg beschuldigt den Direktor
der Direktor beschuldigt den Dramaturgen
sie gehen beinahe atemlos
Aber da wir nun in der Falle sind
in der Burgtheaterfalle
müssen wir das Beste daraus machen
»Alles von Shakespeare an einem Abend« Beil
merken Sie sich
nehmen Sie mich beim Wort
und die Sonette als Mittelpunkt Beil
als Mittelpunkt
wir sind ja noch mit jeder Situation fertig geworden
wir werden auch mit Wien fertig werden mein lieber Beil
Sie haben mir die Augen zugedrückt
erstklassig dramaturgisch zugedrückt Beil
Ich bin in ein Ehrengrab auf dem Zentralfriedhof gekommen
ich konnte mich nicht dagegen wehren
vorher bin ich noch Professor geworden und Hofrat
und Ehrenpräsident der Wiener Schrebergärten-vereinigung
und ich habe mich nicht wehren können dagegen

und den Opernball habe ich besucht
und mit dem nationalsozialistischen Bundes-
präsidenten bin ich beim Heurigen gewesen
für die philippinischen Flüchtlingskinder
und für die katholische Caritas habe ich gespielt
und für die sozialistischen Kinderfreunde habe ich
auch gespielt
und ich habe mir eine Herrschaftsvilla in Döbling
gekauft
und ich habe mich nicht dagegen wehren können
und schließlich habe ich mich auch noch zum
Ehrenmitglied
des Burgtheaters ernennen lassen
und habe mich nicht wehren können dagegen
und ich hatte die Tochter des Präsidenten der
Industriellenvereinigung engagiert
und habe mich nicht wehren können dagegen
und die Wiener Presse hat mich nurmehr noch
gelobt
und ich habe mich nicht wehren können dagegen
Beil
bei meinem Begräbnis war außer dem Bundes-
präsidenten
der in voller Wehrmachtsuniform auf seinem Pferd
angeritten gekommen war
kein Mensch
nur die als Totengräber verkleideten Kritiker waren
da

und der in voller Wehrmachtsuniform auf seinem
mazedonischen Pferd angerittene Bundespräsident
in den Zeitungen aber ist gestanden
»ganz Wien« sei an meinem Grab gewesen
plötzlich mit erregter Stimme, nachdem es ihn heftig nach einem Kleinen Braunen verlangt hat
Ein Regisseur ist eine Verirrung
ein deutscher Regisseur in Österreich
ist eine totale Verirrung
strebt rasch nach Grinzing hinunter mit noch erregterer Stimme BEIL *hinter sich lassend, rennend, ausrufend*
Tatsächlich ein Regisseur ist eine Verirrung
überhaupt ist das Theater der Gipfel der Unsinnigkeit
finden Sie nicht Beil
ruft in das Grinzinger Tal hinunter
Wenn ich Sie nicht hätte
und die Sturm
nach einer Pause seufzend
Der Sturm allein genügt nicht
Richard und der Sturm genügen nicht
alles falsch alles fatal
Shakespearefälschung Shakespearefälschung
»der ganze Shakespeare« muß es sein Beil
»der komplette Shakespeare an einem Abend«
auch die Sonette müssen hinein Beil
Sonettendramaturgie Beil Sonettendramaturgie verstehen Sie

die Sonette sind der Mittelpunkt das Zentrum
alles alles alles
glauben Sie ich bin dazu fähig Beil
Beil Beil

BEIL *nachdem er ein Kaffeehaus für einen Kleinen Braunen entdeckt hat*
Natürlich

PEYMANN *erschöpft sinnierend*
Natürlich
Sie gehen in das Kaffeehaus und trinken einen Kleinen Braunen und gehen dann gleich ins Burgtheater, in dem an diesem Abend wie schon jahrzehntelang immer noch nur Hamlet allein gespielt wird, nicht der ganze, der komplette Shakespeare auf einmal

Drucknachweise

Claus Peymann verläßt Bochum und geht als Burgtheaterdirektor nach Wien. Zuerst erschienen in: *Das Bochumer Ensemble. Ein deutsches Stadttheater. 1970-1986.* Herausgegeben von Hermann Beil, Jens Jensen, Claus Peymann und Verena Sturm, Königstein 1986.

Claus Peymann kauft sich eine Hose und geht mit mir essen. Zuerst erschienen in: *Spielen Sie der Welt ein Loch in den Bauch? Theater 1986.* Jahrbuch der Zeitschrift *Theater heute*, Zürich 1986.

Claus Peymann und Hermann Beil auf der Sulzwiese. Zuerst erschienen in: *Die Zeit* vom 11.9.1987.